FULL SCORE

WSL-18-024
＜吹奏楽セレクション楽譜＞

JN192771

スーパー・クレジット

Michael Giacchino　作曲
郷間幹男　編曲

楽器編成表		
木管楽器	金管・弦楽器	打楽器・その他
Piccolo	B♭ Trumpet 1	Drums
Flutes 1 (& *2)	B♭ Trumpet 2	Timpani
*Oboe	*B♭ Trumpet 3	Percussion 1
*Bassoon	F Horns 1 (& *2)	...Sus.Cymbal,Guiro,Conga,
*E♭ Clarinet	F Horns 3 (& *4)	Crash Cymbals
B♭ Clarinet 1	Trombone 1	Percussion 2
B♭ Clarinet 2	Trombone 2	...Glockenspiel
*B♭ Clarinet 3	*Trombone 3	Percussion 3
*Alto Clarinet	Euphonium	...Xylophone,Vibraphone
Bass Clarinet	Tuba	
Alto Saxophone 1	Electric Bass	
*Alto Saxophone 2	(String Bass) ※パート譜のみ	Full Score
Tenor Saxophone		
Baritone Saxophone		

＊イタリック表記の楽譜はオプション

Winds Score
Spielen Musik.

スーパー・クレジット

◆曲目解説◆

　2004年に公開された、ディズニー/ピクサーのアニメ映画「Mr.インクレディブル」より、『スーパー・クレジット』が吹奏楽譜になりました！スーパー・ヒーロー一家が、世界の命運をかけて立ち上がる冒険物語で、アカデミー長編アニメ映画賞、アカデミー音響編集賞をはじめ、数々の賞を受賞し大ヒットしました。主題曲の『スーパー・クレジット』は、往年のスパイ映画を思わせるような、ジャジーでスタイリッシュなナンバー。キレのよいブラスや、スリリングな展開が最高にカッコいい曲なので、吹奏楽で演奏するのにもってこいです！2018年には、続編である「インクレディブル・ファミリー」が公開され、再び盛り上がりをみせている作品。イベントや演奏会をカッコよく演出できる、おすすめの一曲です！

◆郷間幹男　プロフィール◆

　中学よりトロンボーンを始め、大学在学中に「YAMAHA Ｔ・Ｍ・Ｆ」全国大会優勝・グランプリ受賞。

　1997年、ファンハウス（現ソニー・ミュージックレーベルズ）よりサックス・プレイヤーとしてメジャーデビュー。デビューシングル『GIVE YOU』は、フジTV系「平成教育委員会」エンディングテーマ、サークルK CMテーマ曲になり、オリコンチャートや、全国各地のFMチャート上位を独占。その他にも日本コカ・コーラ社のオリンピック・タイアップ曲や、フジTV系「発掘あるある大辞典II」などのBGMを演奏。

　芸能活動を続けながらも吹奏楽指導や作・編曲など、吹奏楽活動も積極的に続け、中でもブラス・アレンジにはかなりの定評がある。

　これまでの経験を活かし株式会社ウィンズスコアを設立、代表取締役社長に就任。現在、社長業の傍ら全国の吹奏楽トップバンドへの編曲や指導なども行っており、その実力からコンクール、アンサンブルコンテストの審査員も務める。

　主な作品に、『コンサートマーチ「虹色の未来へ」』（2018年度全日本吹奏楽コンクール課題曲）等がある。

スーパー・クレジット - 2

スーパー・クレジット - 5

スーパー・クレジット - 13

スーパー・クレジット - 16

スーパー・クレジット - 18

スーパー・クレジット - 21

ご注文について

ウィンズスコアの商品は全国の楽器店、ならびに書店にてお求めになれますが、店頭でのご購入が困難な場合、当社PC&モバイルサイト・FAX・電話からのご注文で、直接ご購入が可能です。

◎当社PCサイトでのご注文方法

http://www.winds-score.com

上記のURLへアクセスし、WEBショップにてご注文ください。

◎FAXでのご注文方法

FAX.03-6809-0594

24時間、ご注文を承ります。当社サイトよりFAXご注文用紙をダウンロードし、印刷、ご記入の上ご送信ください。

◎電話でのご注文方法

TEL.0120-713-771

営業時間内にお電話いただければ、電話にてご注文を承ります。

◎モバイルサイトでのご注文方法

右のQRコードを読み取ってアクセスいただくか、URLを直接ご入力ください。

※この出版物の全部または一部を権利者に無断で複製(コピー)することは、著作権の侵害にあたり、著作権法により罰せられます。

※造本には十分注意しておりますが、万一落丁乱丁などの不良品がありましたらお取替え致します。また、ご意見ご感想もホームページより受け付けておりますので、お気軽にお問い合わせください。

LOVE THE ORIGINAL
楽譜のコピーはやめましょう

Piccolo

スーパー・クレジット

Michael Giacchino 作曲

Oboe

スーパー・クレジット

Michael Giacchino 作曲

Bassoon

スーパー・クレジット

Michael Giacchino 作曲

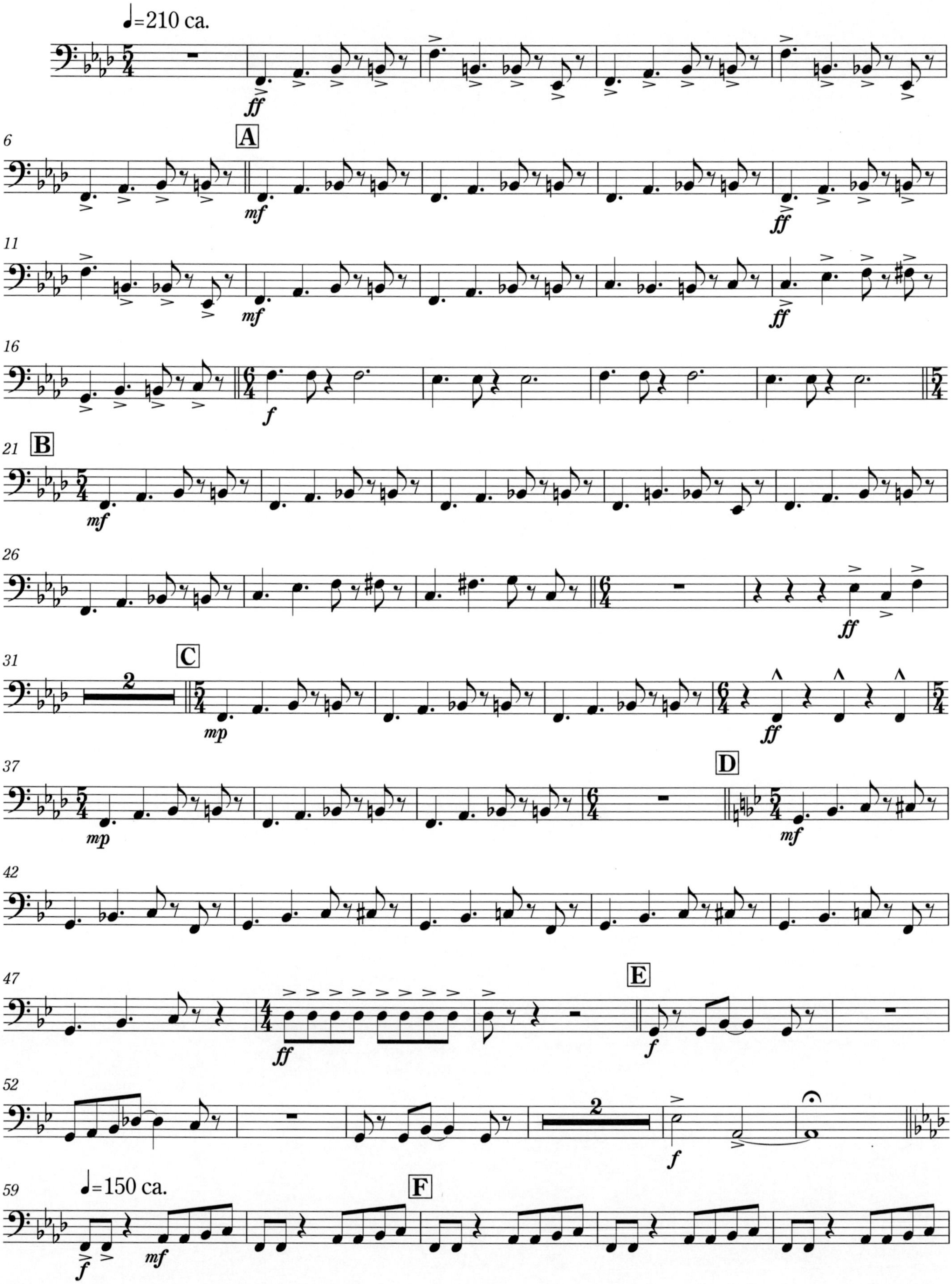

64
69
74
G
mf
79
H rubato
Swing ♩=200 ca.
86
Drums fill
I
ff
J
99
ff
K Even ♩=150 ca.
104
fp Bell tones
molto accel.
p cresc.
112
♩=210 ca.
ff
117
L
f
122
M
ff
127
132
N
fff
137
fff

E♭ Clarinet

スーパー・クレジット

Michael Giacchino 作曲

WindsScore
Spielen Musik.

スーパー・クレジット - 2

E♭ Clarinet

B♭ Clarinet 1

スーパー・クレジット

Michael Giacchino 作曲

67
f
f
73
2
f
G
One player
mf
Swing ♩=200 ca.
Drums fill
80
div.
tutti
mf
H rubato
2
3
90
ff
I
7
J
ff
101
K Even ♩=150 ca.
107
f
110
molto accel.
cresc.
♩=210 ca.
113
div.
ff
unis.
ff
118 L
f
125
M
ff
fp
ff
131
134
N
4
fff
div.

B♭ Clarinet 2

スーパー・クレジット

Michael Giacchino 作曲

G
Swing ♩=200 ca.
H rubato
Drums fill
I
J
K Even ♩=150 ca.
molto accel.
cresc.
♩=210 ca.
L
M
N

Bb Clarinet 3

スーパー・グレッグ

Michael Giacchino 作曲

60
F
67
73
G
Swing ♩=200 ca.
83
H
rubato
Drums fill
I
92
J
103
K
Even ♩=150 ca.
Bell tones
111
molto accel.
cresc.
♩=210 ca.
116
L
123
M
130
134
N

Alto Clarinet

スーパー・クレジット

Michael Giacchino 作曲

スーパー・クレジット - 2

Alto Clarinet

Bass Clarinet

スーパー・クレジット

Michael Giacchino 作曲

63
68
73
G
mf
78
H rubato
Swing ♩=200 ca.
mf
86
Drums fill
I
ff
99 J
ff
104
K Even ♩=150 ca.
molto accel.
fp Bell tones p cresc.
112
♩=210 ca.
ff
117
L
f
122
M
ff
127
N
132
fff
137
fff

Alto Saxophone 1

スーパー・クレジット

Michael Giacchino 作曲

61
F
f
68
75
G
4
mf
H
rubato
ff
Swing 𝅘𝅥=200 ca.
Drums fill
84
ff
fp
90
I
8
J
ff
102
K
Even 𝅘𝅥=150 ca.
107
f
𝅘𝅥=210 ca.
molto accel.
111
cresc.
ff
115
L
3
ff
122
2
M
4
ff
131
134
N
4
fff

Alto Saxophone 2

スーパー・クレジット

Michael Giacchino　作曲

スーパー・クレジット - 2

Alto Saxophone 2

Tenor Saxophone

スーパー・クレジット

Michael Giacchino 作曲

Tenor Saxophone

Baritone Saxophone

スーパー・クレジット

Michael Giacchino 作曲

65
70
75
G
mf
2
81
mf
H
rubato
ff
Swing ♩=200 ca.
Drums fill
86
ff
fp
ff
I
8
99
J
ff
104
K
Even ♩=150 ca.
3
molto accel.
fp Bell tones
p cresc.
112
♩=210 ca.
ff
117
L
f
122
M
ff
127
132
N
fff
136
fff

B♭ Trumpet 1

スーパー・クレジット

Michael Giacchino　作曲

73
G
mf
Swing ♩=200 ca.
83
H
rubato
Drums fill
ff
fp
90
I
ff
f
fp
f
95
J
fp
f
101
ff
107
K
Even ♩=150 ca.
molto accel.
♩=210 ca.
fp Bell tones
ff
114
L
ff
ff
123
M
ff
ff
3
129
fp
ff
134
N
fff

B♭ Trumpet 2

スーパー・クレジット

Michael Giacchino 作曲

B♭ Trumpet 2

B♭ Trumpet 3

スーパー・クレジット

Michael Giacchino 作曲

73
G
mf
Swing ♩=200 ca.
83
H rubato
Drums fill
ff
fp
90
I
f
ff
fp
f
95
J
101
107
K Even ♩=150 ca.
fp Bell tones
molto accel.
♩=210 ca.
115
L
123
M
129
134
N
fff

F Horns 1&2

スーパー・クレジット

Michael Giacchino　作曲

69
76
G
mf
H rubato
Swing ♩=200 ca.
86
Drums fill
I
fp
f
97
J
ff
K Even ♩=150 ca.
103
a2
fp Bell tones
110
molto accel.
♩=210 ca.
ff
a2
118
L
f
3
123
M
129
134
a2
N
fff

F Horns 3&4

スーパー・クレジット

Michael Giacchino 作曲

69
76
G
4
mf
H rubato
2
Swing ♩=200 ca.
Drums fill
86
4
I
2
fp
f
2
97
J
fp
f
ff
103
K Even ♩=150 ca.
3
a2
fp Bell tones
111 molto accel.
2
♩=210 ca.
ff
2
a2
ff
118 L
f
3
123
3
M
2
ff
129
fp
ff
134
N
4
a2
fff

Trombone 1

スーパー・クレジット

Michael Giacchino　作曲

Swing ♩=200 ca.
77 G
mf
H rubato
4
2
Drums fill
ff
88
fp
ff
I
f
fp
94
f
fp
f
J
ff
100
K Even ♩=150 ca.
♩=210 ca.
106
3
molto accel.
2
fp Bell tones
ff
2
116
ff
L
f
3
121
3
126 M
ff
3
fp
ff
131
N
fff
136
fff

Trombone 2

スーパー・クレジット

Michael Giacchino　作曲

Swing ♩=200 ca.
G
H rubato
Drums fill
mf
ff
I
fp
f
J
K Even ♩=150 ca.
molto accel.
♩=210 ca.
fp Bell tones
L
M
N
fff

Trombone 3

スーパー・クレジット

Michael Giacchino 作曲

Swing ♩=200 ca.
77
G
mf
H rubato
4
2
Drums fill
ff
88
fp
ff
I
f
fp
94
f
fp
f
J
ff
100
106
K Even ♩=150 ca.
molto accel.
♩=210 ca.
3
2
fp Bell tones
ff
115
L
f
120
3
125
M
ff
3
fp
ff
131
N
fff
136
fff

Euphonium

スーパー・クレジット

Michael Giacchino 作曲

Swing ♩=200 ca.
77
G
mf
H
rubato
Drums fill
91
I
f
fp
f
97
fp
f
J
ff
K
Even ♩=150 ca.
molto accel.
103
p cresc.
113
♩=210 ca.
ff
118
L
f
123
M
ff
131
N
fff
136
fff

Tuba

スーパー・クレジット

Michael Giacchino 作曲

WindsScore

64
69
74
G
mf
79
H rubato
2
mf
2
Swing ♩=200 ca.
86
Drums fill
I
ff
f
92
98
J
ff
K Even ♩=150 ca.
104
4
molto accel.
♩=210 ca.
p cresc.
ff
114
L
f
119
124
M
ff
129
135 N
fff
2
fff

Electric Bass

スーパー・クレジット

Michael Giacchino 作曲

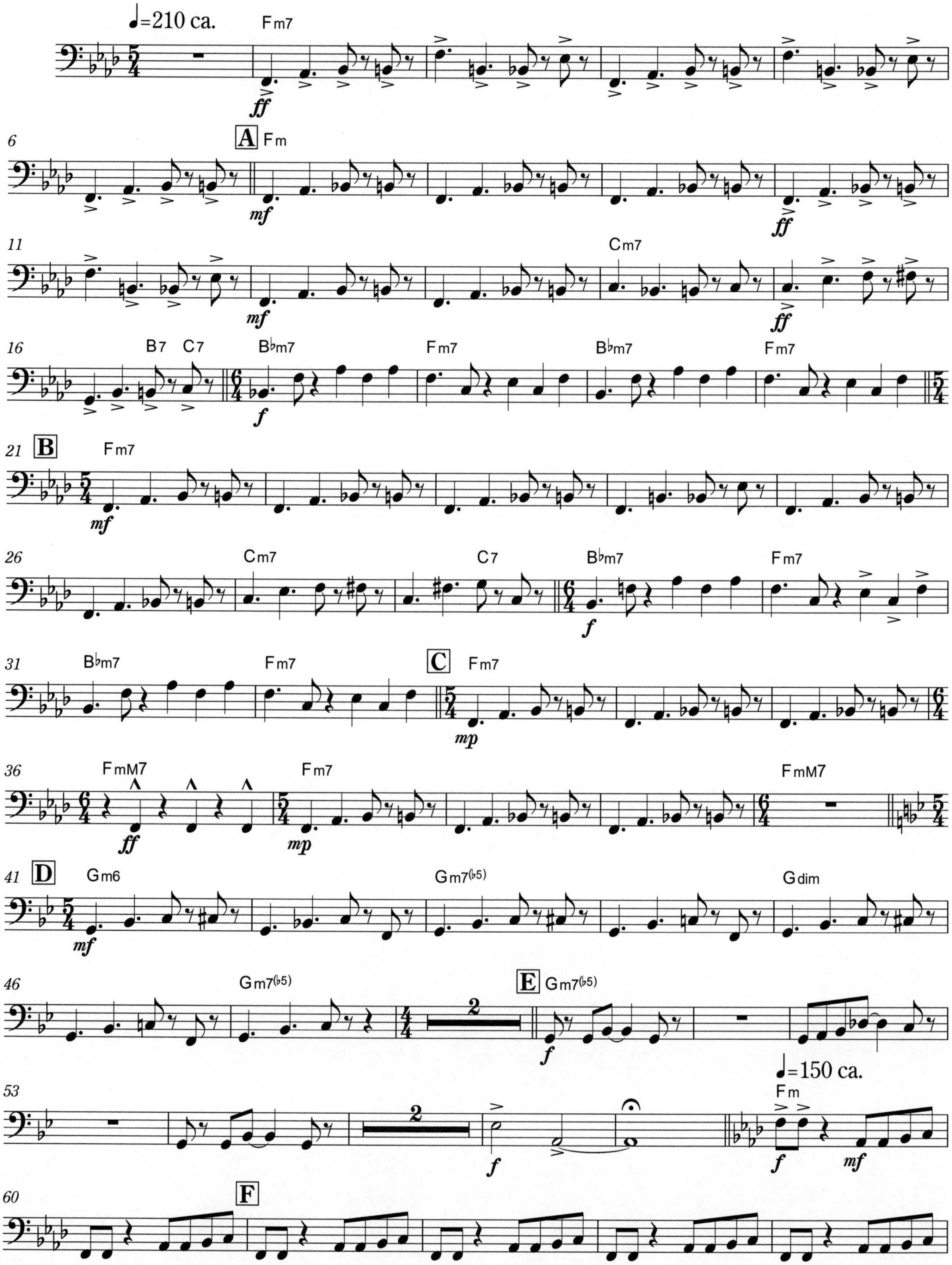

スーパー・クレジット - 2   Electric Bass

String Bass

スーパー・マリオット

Michael Giacchino 作曲

G
mf
H rubato
Swing ♩=200 ca.
Drums fill
pizz.
ff
I
f
J
arco
K Even ♩=150 ca.
molto accel.
p cresc.
♩=210 ca.
L
M
N
fff

スーパー・クレジット

Michael Giacchino 作 曲

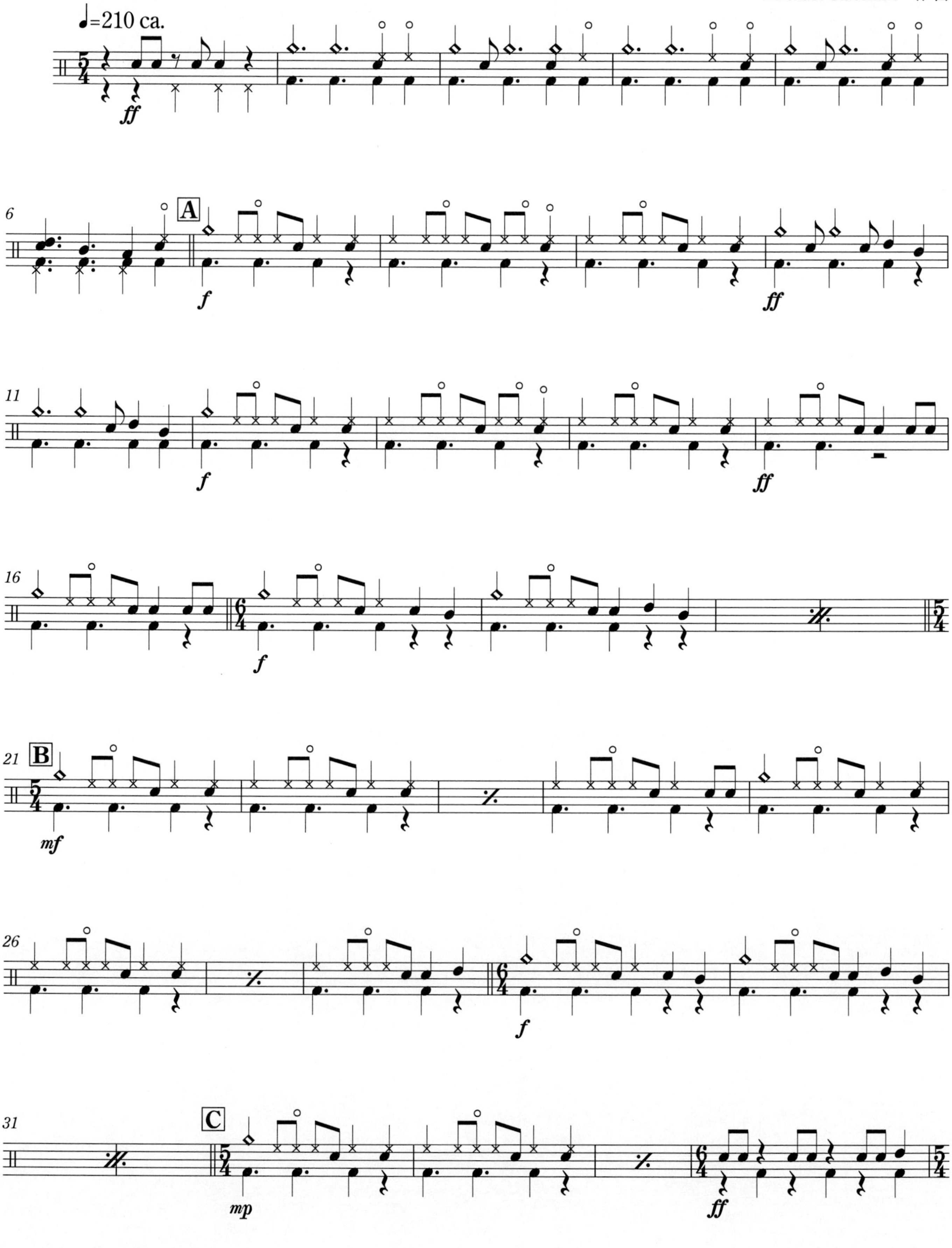

Drums

スーパー・クレジット - 3

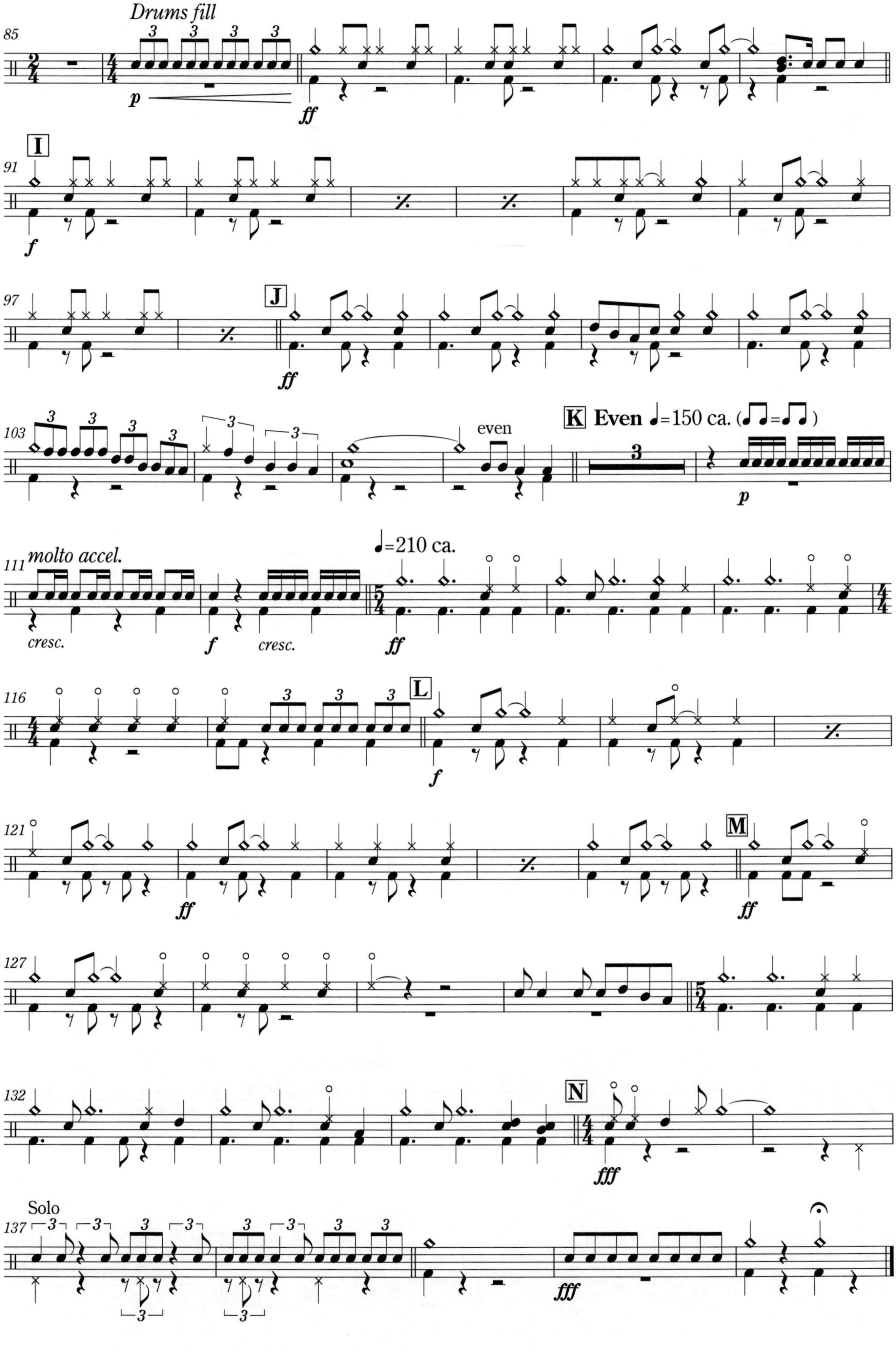

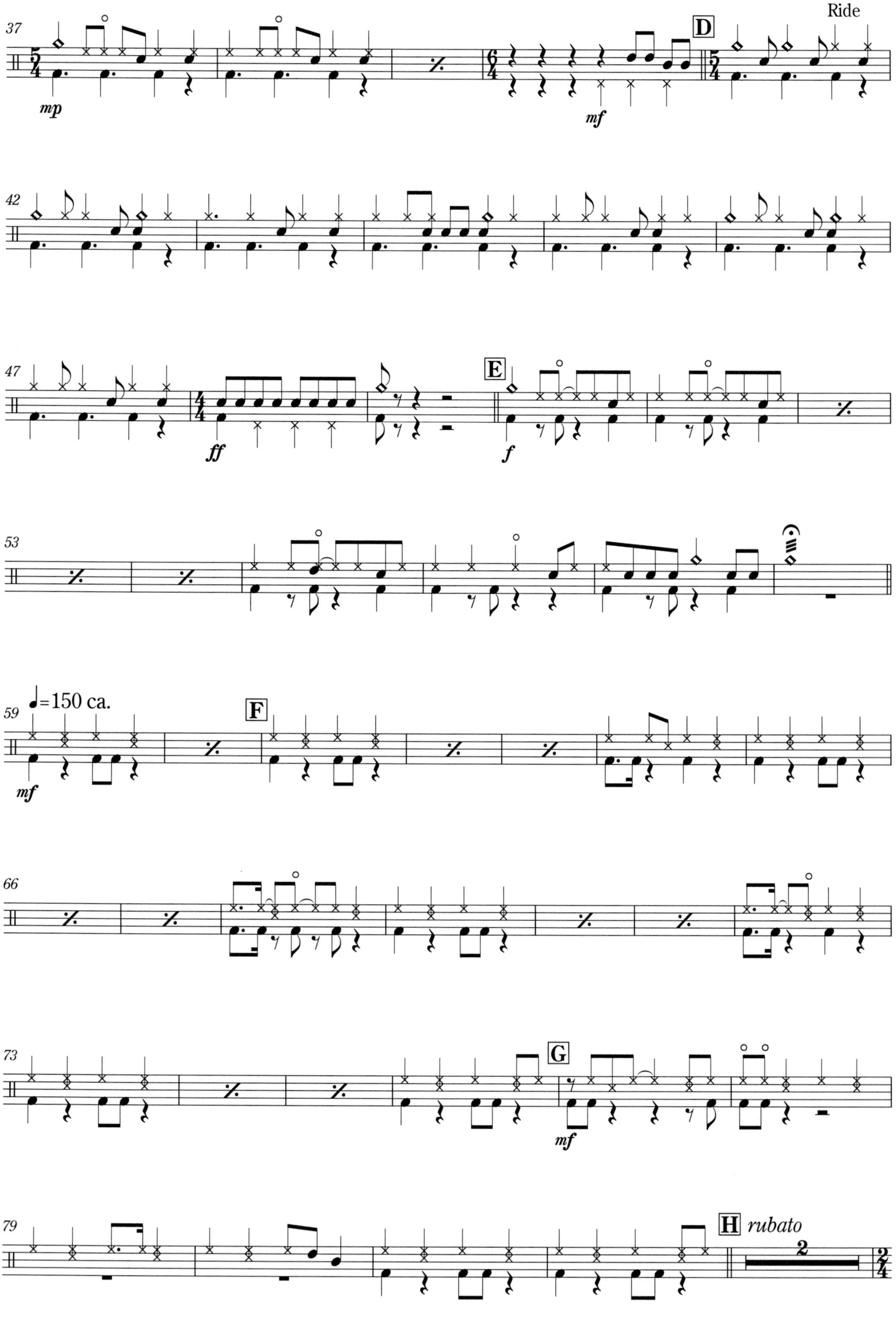
37
mp
mf
D
Ride
42
47
ff
E
f
53
59
♩=150 ca.
mf
F
66
73
G
mf
79
H
rubato
2

Timpani

スーパー・クレジット

Michael Giacchino 作曲

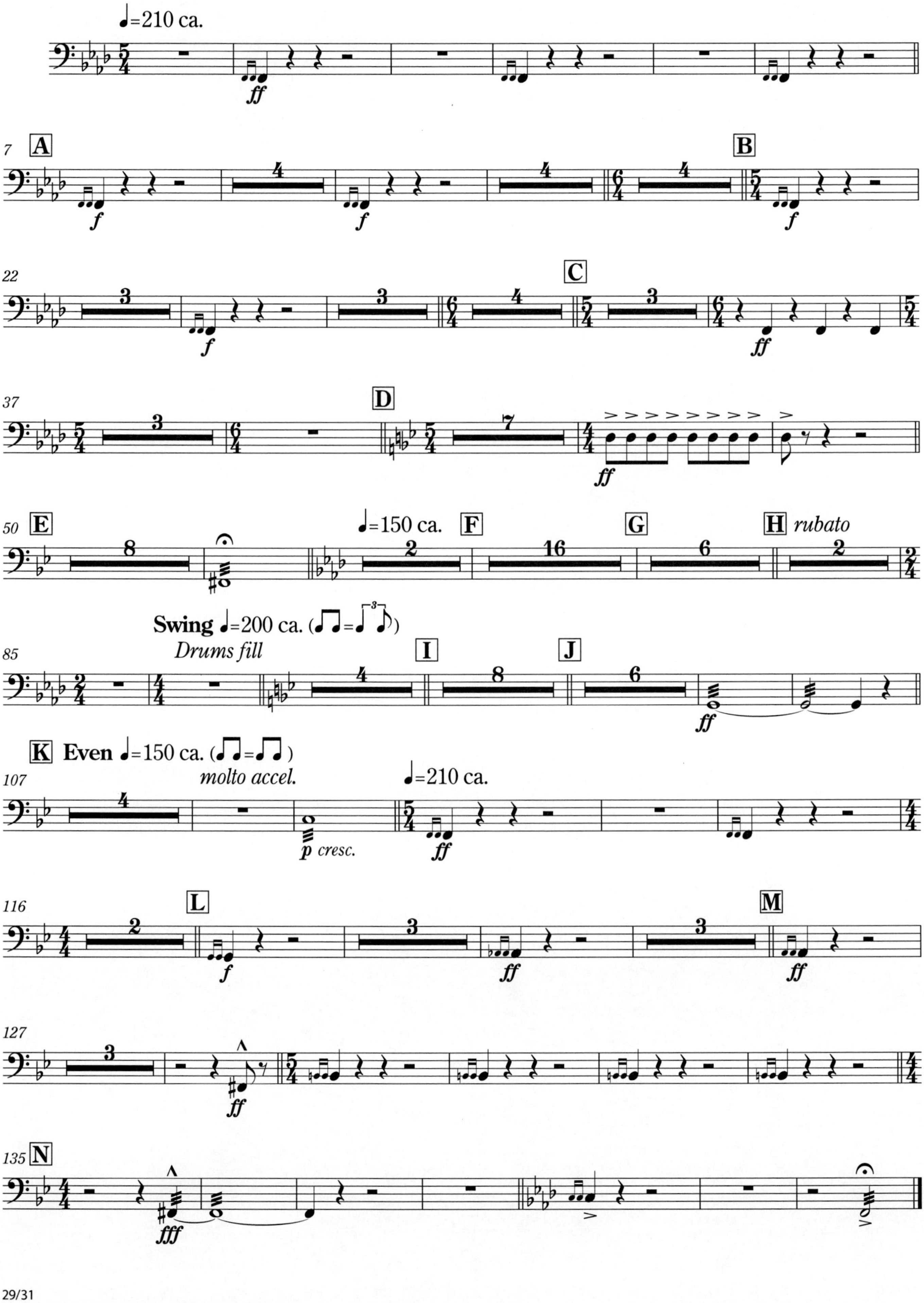

Percussion 1
Sus.Cymbal, Guiro, Conga, Crash Cymbals

スーパー・クレジット

Michael Giacchino 作曲

Percussion 2
Glockenspiel

スーパー・クレジット

Michael Giacchino 作曲

スーパー・クレジット - 2

Percussion 2
Glockenspiel

Percussion 3
Xylophone, Vibraphone

スーパー・クレジット

Michael Giacchino 作曲